AF339676

NOTICE

SUR LES CARTES

DE L'INDO-CHINE FRANÇAISE

DRESSÉES AU BUREAU TOPOGRAPHIQUE DE L'ÉTAT-MAJOR
PAR ORDRE DE M. LE GÉNÉRAL
COMMANDANT EN CHEF LES TROUPES DE L'INDO-CHINE

HANOI

—

IMPRIMERIE TYPO-LITHOGRAPHIQUE F.-H. SCHNEIDER

rue du Coton

1899

NOTICE

SUR LES CARTES

de l'Indo-Chine française

NOTICE

SUR LES CARTES

DE L'INDO-CHINE FRANÇAISE

DRESSÉES AU BUREAU TOPOGRAPHIQUE DE L'ÉTAT-MAJOR

PAR ORDRE DE M. LE GÉNÉRAL

COMMANDANT EN CHEF LES TROUPES DE L'INDO-CHINE

HANOI

—

IMPRIMERIE TYPO-LITHOGRAPHIQUE F.-H. SCHNEIDER

rue du Coton

—

1896

NOTICE

SUR LES CARTES

DE

L'INDO-CHINE FRANÇAISE

Dressées au bureau topographique de l'État-major par ordre de M. le Général commandant en chef les troupes de l'Indo-Chine

---

Comme toutes les sciences, et plus qu'aucune autre peut-être, la géographie est l'œuvre du temps ; chaque savant, chaque voyageur apporte sa pierre à l'édifice commun et le travail de chaque jour facilite le progrès du lendemain.

Les premières études, renseignements, explorations, observations astronomiques, permettent l'établissement d'une carte, encore bien imparfaite, mais susceptible déjà de rendre d'importants services.

C'est ainsi que, dès 1881, M. Dutreuil de Rhins dressait une carte de l'Indo-Chine orientale, appuyée sur les travaux de Doudart de Lagrée, de Garnier, les cartes des missionnaires, les positions géographiques déterminées par les ingénieurs hydrographes et les officiers de la Marine, habilement complétée à l'aide des renseignements recueillis auprès de la cour de Hué et des mandarins annamites.

La valeur et le nombre des documents que l'on possédait à cette époque ont conduit à l'adoption d'nne petite échelle pour cette carte.

Depuis, un grand nombre de travaux ont été entrepris et menés à bonne fin. Les nombreuses déterminations de points sur les côtes de l'Annam et du golfe du Tonkin, la triangulation du Delta du Tonkin, les levés du cadastre en Cochinchine, ceux exécutés en Annam et au Tonkin par les officiers, les explorations du docteur Néis, les levés de M. le consul Pavie et du capitaine Cupet, ont permis la rédaction d'une carte à plus grande échelle renfermant tous les renseignements recueillis jusqu'à ce jour.

Mais pour que le résultat soit complet, il a fallu que chaque document soit l'objet d'une discussion délicate et approfondie, et qu'il soit utilisé avec une méthode scientifique.

En outre, pour éviter une grosse perte de temps, conséquence de l'éloignement de la métropole, pour assurer la correction des épreuves et faciliter la revision des éditions successives, on a dû s'astreindre à n'employer que les moyens de reproduction applicables dans la colonie.

Dans ces conditions, il est impossible de produire des travaux comparables à ceux qu'ont donnés les méthodes précises mises en œuvre par les nations européennes pour le levé et la représentation de leur pays. Ces méthodes, très coûteuses et très lentes, ne sauraient être utilisées dans une colonie nouvelle ; les résultats se font trop longtemps attendre et leur utilité est actuellement contestable pour la majeure partie de l'Indo-Chine.

Il était logique d'avoir recours à la méthode qui a été adoptée pour la rédaction de la carte de l'Indo-Chine ; mais sa valeur est en rapport avec celle des documents dont on s'est servi, et il est nécessaire de les énumérer et d'indiquer comment ils ont été utilisés.

Il serait juste et utile dans cette œuvre de compilation, de citer les auteurs de tous les travaux qui ont servi à son édification. Le cadre de cette notice est trop restreint pour contenir les noms de tous les ingénieurs, explorateurs et officiers qui en ont fourni les matériaux et dont quelques-uns ont prématurément disparu à la suite de leurs remarquables travaux, ou même au cours de leur exécution.

CHOIX DES ÉCHELLES

L'échelle adoptée doit permettre d'utiliser tous les travaux effectués jusqu'à ce jour. L'emploi du $\frac{1}{100\,000}$ qui rend possible la représentation complète du terrain, exige un canevas précis et des levés exacts ; il ne donnerait que des résultats trompeurs avec le petit nombre de points actuellement bien déterminés.

En particulier le modelé du terrain deviendrait complètement fantaisiste. Au contraire, l'échelle immédiatement inférienre, le $\frac{1}{200\,000}$ remplit bien les conditions imposées. Le canevas est suffisant et tous les détails utiles dans ce pays peuvent trouver place sur *une carte de l'Indo-Chine dressée à cette échelle*.

Chaque feuille ayant 0^m 75 sur 0^m 50 représente une étendue de pays de 15,000 kilomètres carrés.

L'ensemble de la carte comprend :

    12 feuilles pour le Tonkin ;

    13 —   pour l'Annam ;

    15 —   pour la Cochinchine et le Cambodge.

25 de ces feuilles sont achevées, les autres seront terminées dès que des travaux en cours d'exécution auront fourni les documents indispensables à leur établissement.

Comme la carte au $\frac{1}{200\,000}$ est trop grande pour permettre les études d'ensemble, il est nécessaire d'avoir un document tout aussi précis mais plus géographique ; on a donc entrepris, en même temps, une carte au $\frac{1}{500\,000}$ dont les feuilles ont les mêmes dimensions et qui comprend :

    Pour le Tonkin........4 feuilles.

    Pour l'Annam.........6   —

    Pour la Cochinchine...4   —

Enfin il a paru bon de résumer dans une carte au $\frac{1}{1,000,000}$ en 6 feuilles les principaux renseignements géographiques.

DOCUMENTS UTILISÉS

1. — CANEVAS GÉNÉRAL

L'ellipsoïde terrestre n'étant pas développable sur un plan, il en résulte que, pour dresser la carte d'un état, il ne suffit pas de juxtaposer des levés topographiques. Il faut employer un système de projection ou un développement permettant de placer un certain nombre de points à l'aide de leurs coordonnées géographiques. Ces points répartis sur tout le territoire forment un canevas dans les mailles duquel viennent s'agencer les levés topographiques.

Pour constituer ce canevas, les plus précieux documents nous sont fournis par les ingénieurs hydrographes et les marins, qui depuis longtemps déjà ont levé toutes les côtes du Tonkin, de l'Annam, de la Cochinchine et du Cambodge et déterminé de nombreuses positions géographiques dans les deltas des fleuves de l'Indo-Chine. Au Tonkin, des officiers du corps d'occupation ont opéré des triangulations géodésiques qui complètent suffisamment le réseau.

En Annam, des triangulations graphiques s'appuyant sur des points du littoral assurent l'orientation des levés, grâce au grand développement des côtes et au peu d'étendue du territoire à l'intérieur.

En Cochinchine, les cartes marines fournissent un nombre de positions suffisant pour encadrer les levés exécutés par le service du cadastre.

Enfin, l'emplacement de différents points de la moyenne et de la haute vallée du Mékong est assuré par les observations des compagnons de Doudart de Lagrée et celles du docteur Néis.

II. — DOCUMENTS TOPOGRAPHIQUES

Pour le littoral, on s'est servi des cartes marines rédigées par des géographes d'une parfaite compétence. Dans une grande partie du Tonkin, tous les travaux exécutés par les officiers sont des documents précieux qui ont été souvent contrôlés. Pour quelques régions, on ne dispose que des itinéraires de colonnes, des levés des environs des postes et des reconnaisances de route et de voies navigables : ces documents sont très suffisants pour l'établissement d'une carte donnant l'état actuel d'exploration du pays, et qui se complétera au fur et à mesure de l'arrivée de nouveaux renseignements.

En Annam, des travaux topographiques ont été éxécutés d'après les méthodes régulières pendant les années 1887, 88 et 89 ; tous ces travaux s'appuient sur les positions géographiques du littoral et leur assemblage s'est fait sans la moindre difficulté. La province de Binh-thuan a été très peu de temps occupée par nos troupes, aussi les documents qui concernent cette région sont-ils beaucoup moins précis.

Les levés à la planchette exécutés au $\frac{1}{25\,000}$ par le service du cadastre de Cochinchine, ont fourni des éléments de travail d'une grande exactitude pour toute la partie exploitée de cette colonie.

Pour le Cambodge, on a utilisé les travaux des officiers qui ont fait partie des différentes colonnes et quelques levés partiels.

Le cours du Mékong, au delà du Cambodge, est emprunté à la carte de F. Garnier. Enfin, la représentation de l'immense territoire qui comprend une partie de la principauté de Luang-Prabang, le Tranh-ninh, les Sib-song-chu-Thai et les Sib-song-P'han-Na, est due aux récents travaux des membres de la commission d'étude des frontières entre l'Annam et le Siam.

SYSTÈME DE PROJECTION

La projection de Mercator permet de trouver ou de fixer facilement la position d'un point, sa distance à un autre et leur orientation relative. Elle rend moins laborieuse la tâche du géographe qui doit tirer parti des travaux sur le terrain. Mais les surfaces sont tellement altérées, même pour les latitudes de l'Indo-Chine, qu'il résulterait de son emploi une déformation déjà sensible à l'échelle du $\frac{1}{200.000}$.

Dans ces conditions, on a cru devoir adopter le système de Flamsteed, modifié par le colonel Bonne, d'un emploi plus laborieux mais convenant mieux à la représentation d'un grand pays. Dans ce système de projection, les parallèles sont représentés par des arcs de cercles concentriques et les méridiens par des courbes sinussoïdales très aplaties et concourantes

Les longueurs d'arcs de parallèles *sont conservées telles que sur la terre*; celle des méridiens, vont en augmentant à mesure que l'on s'écarte du méridien principal; mais cette altération *des distances,* dans les limites d'une carte d'un même pays est peu considérable ; le rapport exact des surfaces est maintenu quoique les angles soient quelque peu déformés.

On a pris pour centre de projection de la carte de l'Indo-Chine le point de longitude 115 ^{G} et de latitude 19 ^{G} la valeur admise pour l'aplatissement de l'ellipsoïde terrestre est:

$$a = \frac{1}{293.46}$$

et pour le demi grand axe :

$$A = 6.378.253 \text{ mètres.}$$

Les déformations ne dépassent pas pour les points extrêmes de la carte $\frac{1}{580}$ et 12' sexagénimales. Ces valeurs sont, pour la carte de France, $\frac{1}{379}$ et 18' et pour celle d'Algérie $\frac{1}{340}$ et 20'

Ce système convient donc *parfaitement pour la carte* de l'Indo-Chine et les tables qui ont été *calculées pour la construction des feuilles de la carte actuelle pourront encore servir* à l'établissement d'une carte régulière.

REPRÉSENTATION DU TERRAIN

Dès que l'on sort des deltas des fleuves de l'Indo-Chine, on pénétre dans une région montagneuse, qui presque partout est couverte de forêts inextricables.

Les vallées seules sont peuplées, et à moins d'entreprendre des travaux longs et pénibles, le topographe est dans l'impossibilité de représenter les détails des formes du terrain ; il doit se borner à en donner l'aspect général.

Aussi tous les documents utilisés ne permettent que de délimiter très exactement les pays de plaine et de montagne, en figurant les aspects relatifs de ces dernières.

Dans ces conditions, il a paru sage de ne pas employer un mode de représentation qui pourrait faire croire à un nivellement exact, mais de se borner à un estompage au crayon, facile à reproduire en zincographie et parlant suffisamment à l'œil.

Toutes les cotes trouvées dans les différents documents ont été reproduites sur la carte. La plupart des altitudes ont été obtenues à l'aide du baromètre anéroïde, aussi il n'est pas inutile de rappeler que, par un emploi judicieux, cet instrument permet d'obtenir les hauteurs relatives avec une erreur probable de $5^m \pm \frac{H}{50}$, H étant la hauteur vraie. Pour les altitudes moyennes de 1000^m, on a donc à craindre une erreur inférieure à 50 mètres.

ORTHOGRAPHE

Il faut lire la longue et savante discussion que M. Dutreuil de Rhins a consacré à ce sujet dans l'avertissement à la carte de l'Indo-Chine orientale, pour se faire une idée des difficultés presque insurmontables que l'orthographe des noms annamites apporte au géographe. Il est inutile de revenir longuement sur ce sujet, Garnier, Dutreuil de Rhins n'ont pu arriver à conclure définitivement.

Celui-ci a inventé une orthographe particulière qu'il dénomme pratique, mais qui paraît être peu en faveur auprès des Européens établis en Indo-Chine. Le premier penche pour l'orthographe des missionnaires ou quoc-ngu, mais la transcription sur une carte des nombreux signes qu'elle comporte, inconnus des artistes chargés de leur reproduction, entraînerait des corrections multiples et serait une entrave à la publication rapide des cartes.

En supposant cette difficulté pratique écartée, le problème n'est pas complètement résolu. L'Indo-Chine n'est pas habitée seulement par des annamites ; outre les Cambodgiens et les Laotiens, une foule de tribus, de diverses origines, ayant des dialectes différents, sont établies sur son territoire.

Presque toutes les langues qu'elles emploient sont monosyllabiques, se parlent *vario-tono* et renferment des sons particuliers : deux raisons pour lesquelles leur transcription nécessite l'emploi de signes accessoires.

Or, les documents utilisés pour l'établissement de la carte de l'Indo-Chine française, sont en majorité établis par des personnes connaissant très peu les langues indigènes et incapables de transcrire, suivant une orthographe convenue (quoc-ngu, par exemple) les noms des localités prononcés par les indigènes. Il suffit de jeter les yeux sur les cartes marines pour s'en convaincre.

La plupart des levés de détail ou des itinéraires proviennent des officiers du corps expéditionnaire qui ignoraient le quoc-ngu et même l'annamite parlé.

Enfin, il faut signaler la difficulté résultant de la pluralité des noms des villages et des accidents de terrain et aussi la mauvaise volonté opposée par l'Annamite à l'Européen qui reconnaît le pays.

Dans ces conditions, il eût été trop long d'opérer, avant la publication, une révision complète de l'orthographe ; il il a semblé préférable d'attendre les corrections nombreuses qui seront signalées dès la première édition pour chercher la solution de ce problème qui est loin d'être résolu, et l'on s'est borné à reproduire les noms écrits sur les documents employés en ne corrigeant que les fautes les plus grossières, réservant pour plus tard la détermination de la méthode à employer.

RÉDACTION DES MINUTES. — IMPRESSION

Les opérations successives que nécessite la rédaction d'une feuille, sont:

1º Tracé des méridiens et des parallèles à l'aide des tables calculées;

2º Placement de tous les points dont les coordonnées géographiques sont connues;

3º Réduction des différents travaux topographiques, leur mise en place;

4º Dessin du trait et de la lettre.

Ces travaux ont été entièrement exécutés par les officiers du bureau topographique de l'Etat-major des troupes de l'Indo-Chine qui ont rédigé les minutes complètes de toutes les feuilles.

Aux échelles adoptées, les minutes sont forcément très chargées, les documents utilisés donnent de nombreux détails qu'il était dangereux de supprimer dans la première édition. Plus tard, lorsque le pays aura été parcouru la carte à la main, il sera facile d'élaguer les renseignements superflus.

On a donc été conduit à employer le dessin et le tirage en couleurs pour faciliter la lecture :

Bleu pour les eaux ;

Rouge pour les routes et les localités importantes;
Noir pour la lettre et les villages;
Gris bleuté ou bistre pour le figuré du terrain.

Les minutes complètement terminées et contrôlées sont remises à un dessinateur qui fait un calque de tout le trait sur papier autographique. Cette autographie, décalquée sur zinc, sert à faire les faux décalques et à tirer les épreuves en noir, nécessaires pour assurer un repérage exact des différentes couleurs.

Les 3 planches du bleu, du rouge et du noir sont dessinées à l'encre lithographique, la planche de montagne est estompée au crayon lithographique.

Afin de conserver dans le meilleur état possible les planches-mères qui devront supporter toutes les corrections successives, ces zincs ne sont employés que pour le tirage des épreuves d'essai et des reports qui sont exécutés sur zinc ou sur pierre.

BAUCHET

*Capitaine d'Artillerie, Chef du bureau topographique
de i'État-major des troupes de l'Indo-Chine*

TABLEAU D'ASSEMBLAGE
des feuilles de la Carte de l'Indo-Chine
au 1:200.000 et au 500.000

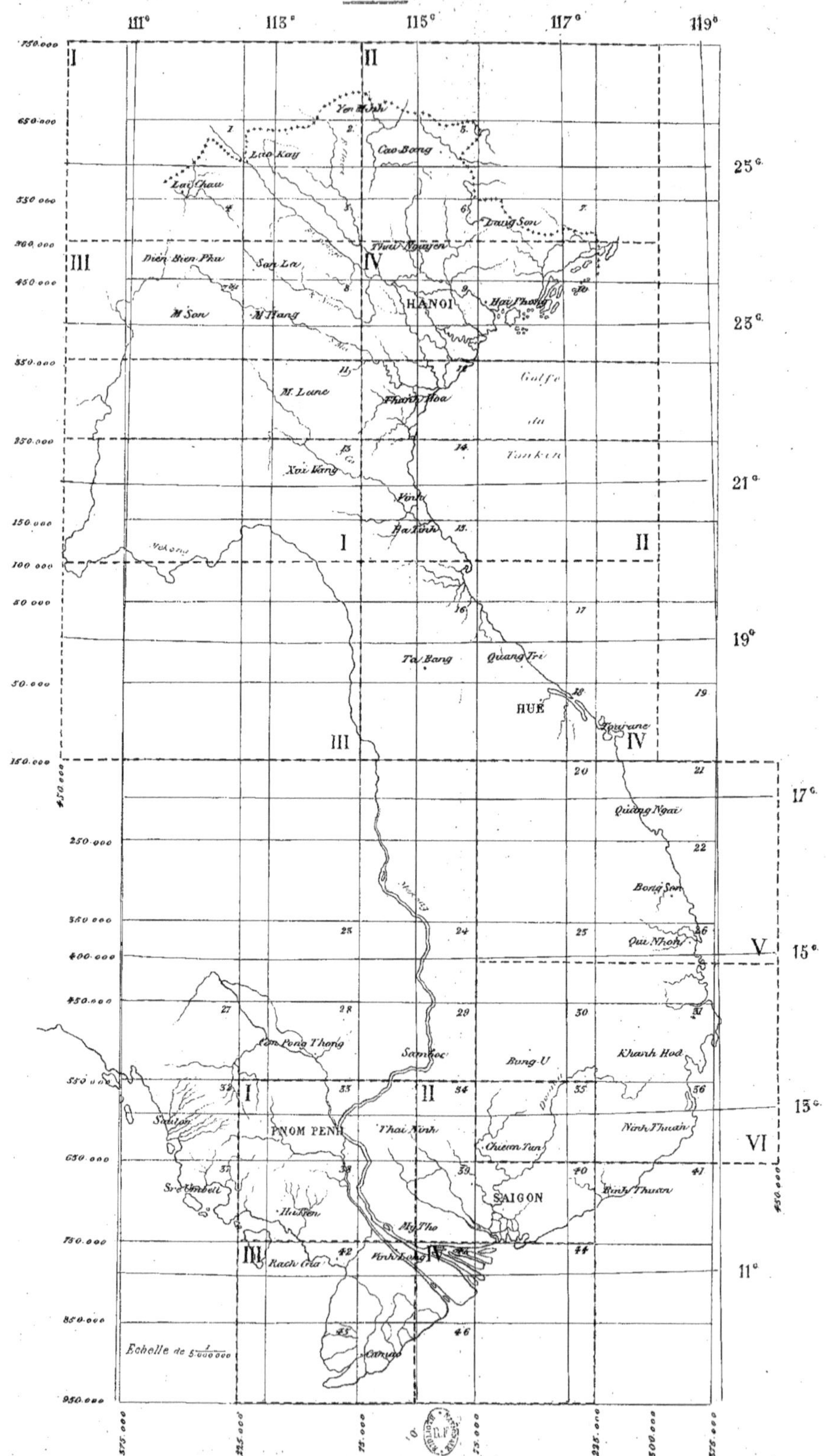

111°
113°
115°
117°
119°
25°
23°
21°
19°
17°
15°
13°
11°
750.000
650.000
550.000
500.000
450.000
350.000
250.000
150.000
100.000
50.000
50.000
150.000
450.000
250.000
350.000
400.000
450.000
550.000
650.000
750.000
850.000
950.000
375.000
125.000
75.000
75.000
225.000
500.000
575.000
I
II
III
IV
V
VI
Yen Minh
Lao Kay
Cao Bang
Lai Chau
Lang Son
Thai Nguyen
Dien Bien Phu
San La
HANOI
Hai Phong
M Son
M Hang
M Lane
Thanh Hoa
Golfe
du
Xui Vang
Tonkin
Vinh
Ha Tinh
Vo Long
Ta Bang
Quang Tri
HUÉ
Tourane
Quang Ngai
Bong Son
Qui Nhon
Cam Pong Thong
Sambec
Bong U
Khanh Hoa
Sidon
Ninh Thuan
PNOM PENH
Thai Ninh
Chieum Tan
Sre Umbell
SAIGON
Binh Thuan
Ha Tien
My Tho
Rach Gia
Vinh Long
Ca Mao
Echelle de 1:5.000.000